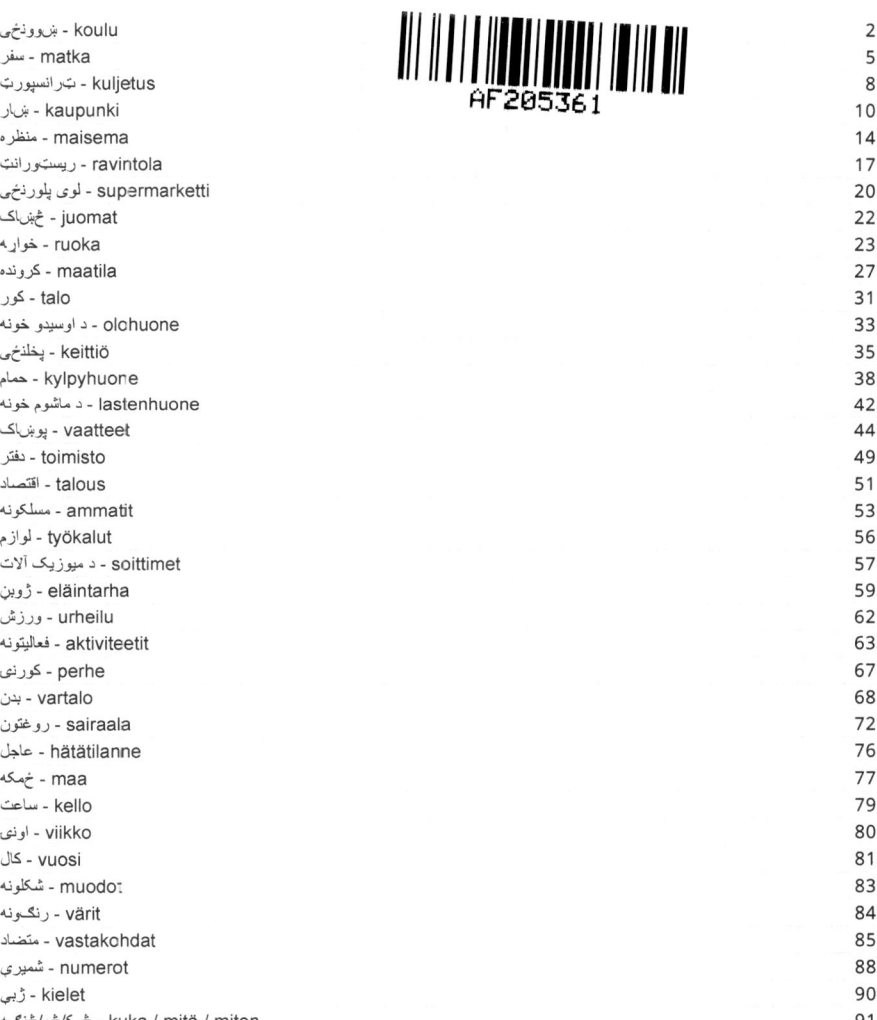

Impressum
Verlag: BABADADA GmbH, Nedderfeld 112 , 22529 Hamburg
Geschäftsführer / Verlagsleitung: Harald Hof
Druck: Books on Demand GmbH, In de Tarpen 42, 22848 Norderstedt

Imprint
Publisher: BABADADA GmbH, Nedderfeld 112 , 22529 Hamburg, Germany
Managing Director / Publishing direction: Harald Hof
Print: Books on Demand GmbH, In de Tarpen 42, 22848 Norderstedt

ښوونځی

koulu

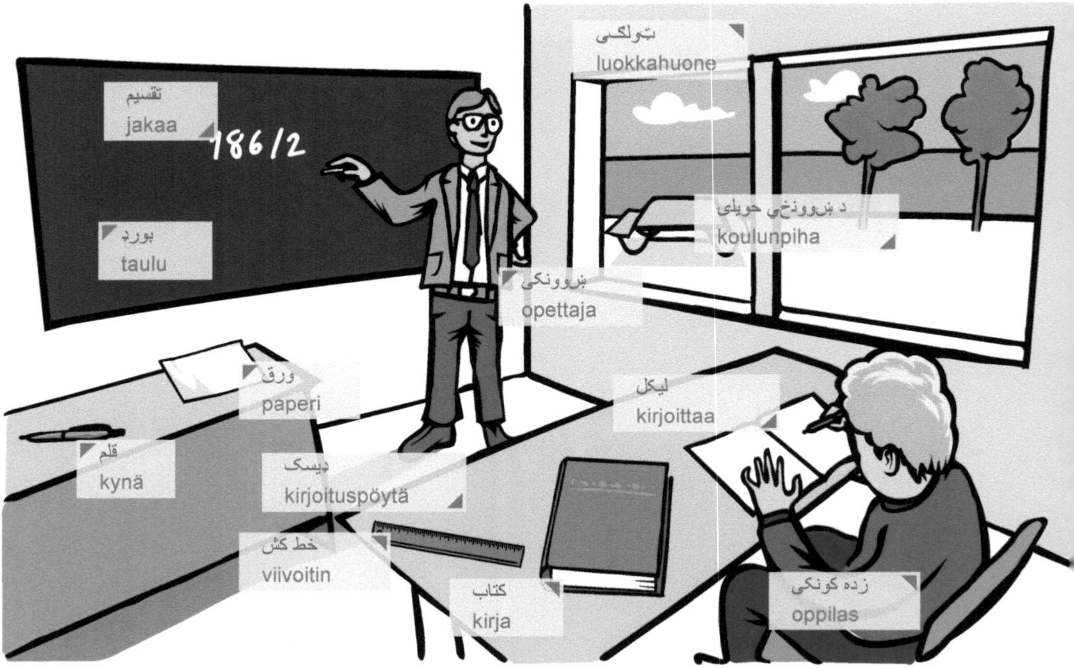

ټولګی
luokkahuone
تقسیم
jakaa
186/2
بورډ
taulu
د ښوونځي حویلی
koulunpiha
ښوونکی
opettaja
ورق
paperi
لیکل
kirjoittaa
قلم
kynä
ډیسک
kirjoituspöytä
خط کش
viivoitin
کتاب
kirja
زده کونکی
oppilas

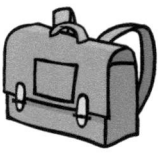

کڅوړه

reppu

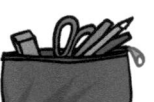

د پنسل بکسه

penaali

پنسل

lyijykynä

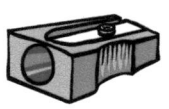

پنسل تراش

kynänteroitin

ربړ

pyyhekumi

د رسامی پاڼه

piirustuslehtiö

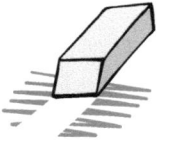

رسامي

piirustus

د نقاشى برس

pensseli

د نقاشى بکس

vesivärit

قيچي

sakset

سریش

liima

د تمرین کتاب

harjoituskirja

کورنۍ دنده

kotitehtävä

شمیر

luku

جمع

lisätä

منفي

vähentää

ضرب

kertoa

حساب

laskea

توری

kirjain

الفبا

aakkoset

کلمه

sana

متن

teksti

لوستل

lukea

تباشیر

liitu

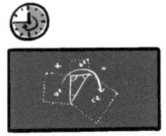

درس

oppitunti

راجستر

opettajan muistikirja

ازموینه

koe

تصدیق پانه

todistus

د ښوونځي یونیفارم

koulupuku

تعلیم

koulutus

دایره المعارف

sanakirja

پوهنتون

yliopisto

مایکروسکوپ

mikroskooppi

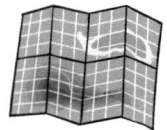

نقشه

kartta

اشغالدانی

roskakori

سفر
matka

هوټل
hotelli
Grand
لیلیه
retkeilymaja
ROOMS
د اسعارو د تبادلې دفتر
rahanvaihto
€CHANGE
بکس
matkalaukku
موټر
auto

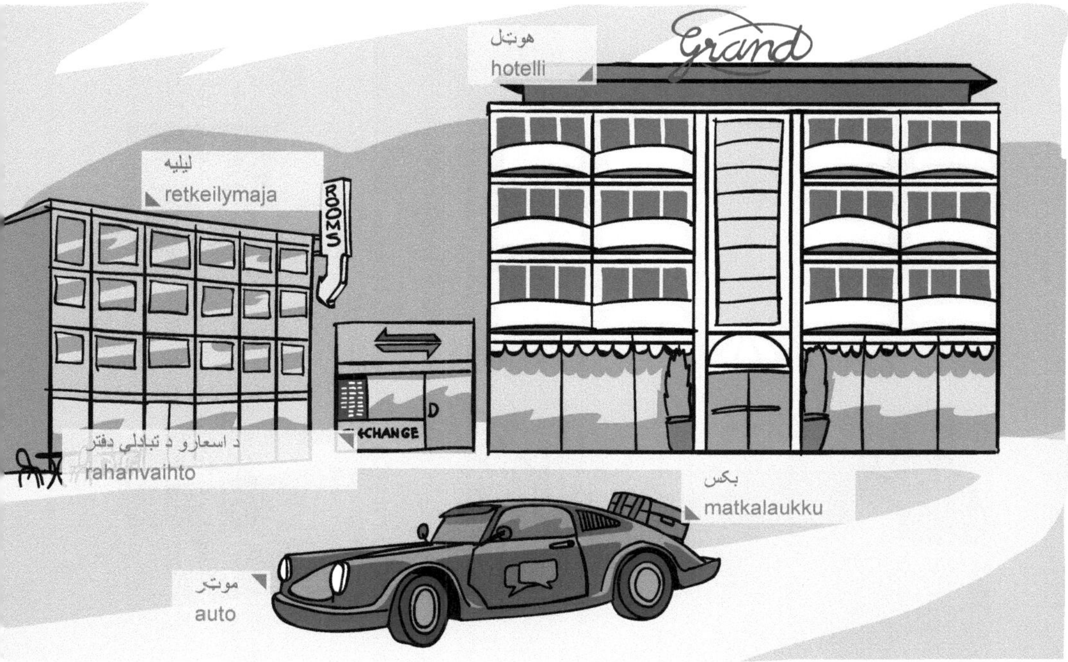

ژبه
kieli

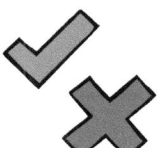

هو/نه
kyllä / ei

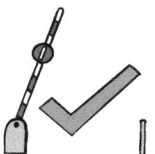

سمه ده
selvä

سلام
hei

ژباړونکی
tulkki

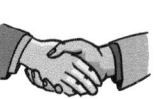

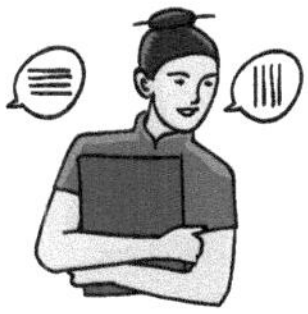

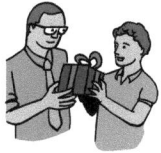

مننه
kiitos

څومره دي...؟

Paljonko...maksaa?

زه نه پوهیږم

en ymmärrä

ستونزه

ongelma

ماښام مو پخیر!

Hyvää iltaa!

سهار په خیر!

Hyvää huomenta!

شپه په خیر!

Hyvää yötä!

په مخه مو ښه

näkemiin

لاربرود

suunta

سامان

matkatavarat

بیگ

laukku

شاتنی بکس

reppu

میلمه

vieras

خونه

huone

د خوب کڅوره

makuupussi

خیمه

teltta

د توريزم معلومات

turisti-info

ساحل

ranta

کریډیټ کارت

luottokortti

ناری

aamupala

د غرمي خواړه

lounas

د ښپی خواړه

päivällinen

ټیکټ

matkalippu

لفت

hissi

مهر

postimerkki

پوله

raja

کمرک

tulli

سفارت

suurlähetystö

ویزه

viisumi

پاسپورت

passi

ټرانسپورټ
kuljetus

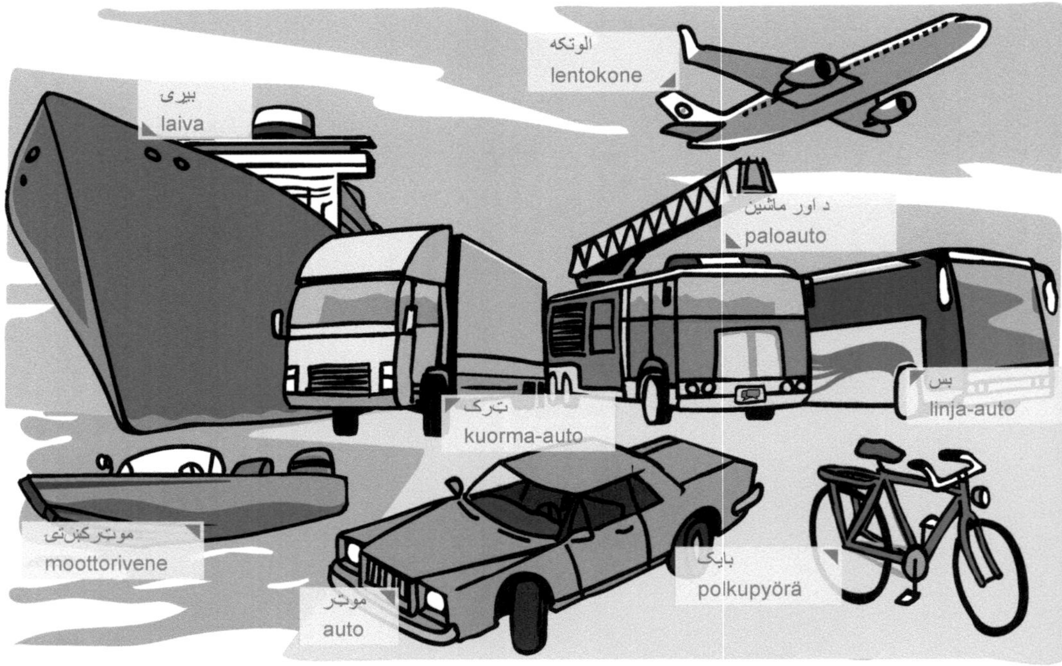

الوتکه
lentokone
بېړۍ
laiva
د اور ماشين
paloauto
بس
linja-auto
ټرک
kuorma-auto
موټرکښتۍ
moottorivene
موټر
auto
بايک
polkupyörä

کښتۍ

lautta

کښتۍ

vene

موټرسايکل

moottoripyörä

د پوليسو موټر

poliisiauto

د ريس موټر

kilpa-auto

کرايي موټر

vuokra-auto

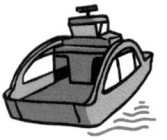

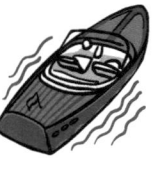

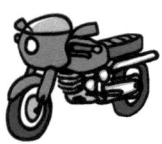

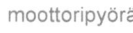

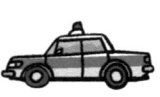

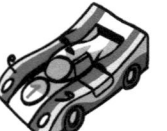

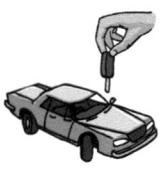

ﺩ ﻛﺮﻛﺎﺑﻪ ﻣﻮﺗﺮﯼ

car sharing

ﻛﺮﻙ ﻗﯿﻞ ﻟﺮﻟﻮﻧﮑﯽ ﺟﺮﺛﻘﯿﻞ

hinausauto

ﻛﺮﻙ ﺯﯾﺒﯿﻒﺭ

roska-auto

ﻣﻮﺗﺮ

moottori

ﯾﻮﮐﺖ ﮐﻨﻮﺱ

polttoaine

ﺷﯿﺘﺴﺖ ﻟﻮﺭﻭﺗﭗ ﻧﺸﯿﺖ

huoltoasema

ﺗﺮﺍﻓﯿﮑﯽ ﻧﺸﻦ ﻫﻪ

liikennemerkki

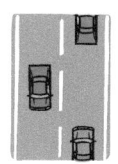

ﺗﺮﺍﻓﯿﮏ

liikenne

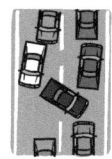

ﮐﯿﻔﺎﺭﺕ ﻣﺎﺝ

ruuhka

ﺩ ﯾﺎﺧﻤﺖ ﻭ ﻣﻮﺗﺮﻭ

parkkipaikka

ﻧﺸﯿﺖﺳﺖ ﺭﯾﻞ ﺩ

rautatieasema

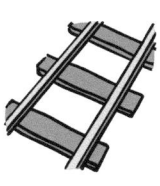

ﭘﺎﺗﮑﯽ

raiteet

ﺭﯾﻞ

juna

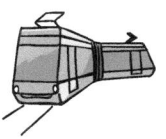

ﺗﺮﺍﻡ

raitiovaunu

ﻭﺍﮔﻮﻥ

vaunu

چورلکه
helikopteri

هوايي ډګر
lentokenttä

برج
lähilennonjohto

مسافر
matkustaja

کانتينر
kontti

کارتون
pahvilaatikko

کارت
kärryt

ټوکری
kori

الوتنه کوۍ/کښيناستل
nousta / laskea

ښار
kaupunki

کلی
kylä

د ښار مرکز
keskusta

کور
talo

سینما
elokuvateatteri
اعلان
mainos
CINEMA
د کوڅې لامپ
katuvalo
کوڅه
katu
ټیکسي
taksi
د خوارو پلورنځی
kioski
پیاده
jalankulkija
پلې لاره
jalkakäytävä
د سړک څخه تیریدو لاره
suojatie
اشغالدانی (لوی)
jäteastia
د تیریدو لاره
risteys
د ترافیک څراغونه
liikennevalot

کوډله

mökki

اپارتمان

kerrostalo

د ریل سټیشن

rautatieasema

ټاون هال

kaupungintalo

MUSEUM

میوزیم

museo

ښوونځی

koulu

پوهنتون

yliopisto

بانک

pankki

روغتون

sairaala

هوټل

hotelli

درملتون

apteekki

دفتر

toimisto

کتاب پلورنځی

kirjakauppa

پلورنځی

liike

د ګلانو پلورنځی

kukkakauppa

لوی پلورنځی

supermarketti

مارکیټ

tori

د ډیپارټمنټ سټور

tavaratalo

کب پلورنځی

kalakauppias

د پلور مرکز

ostoskeskus

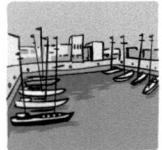

لنګرتون

satama

پارک

puisto

بینچ

penkki

پل

silta

زینه

portaat

د خ۫مکي لاندی

metro

تونل

tunneli

بس تمځای

linja-autopysäkki

بار

baari

ریستورانټ

ravintola

پوست بکس

postilaatikko

د کوڅی نښه

katukyltti

د پارک کولو میټر

parkkimittari

ژوبڼ

eläintarha

د لامبو حوض

uimala

مسجد

moskeija

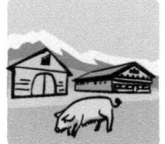

کرونده

maatila

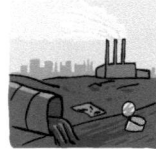

ناپاکي

ympäristön saastuminen

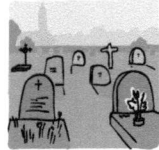

هدیره

hautausmaa

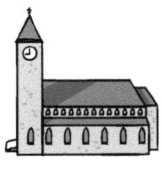

چرچ

kirkko

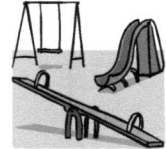

د لوبو ډګر

leikkikenttä

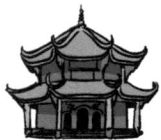

معبد/کلیسا

temppeli

منظره

maisema

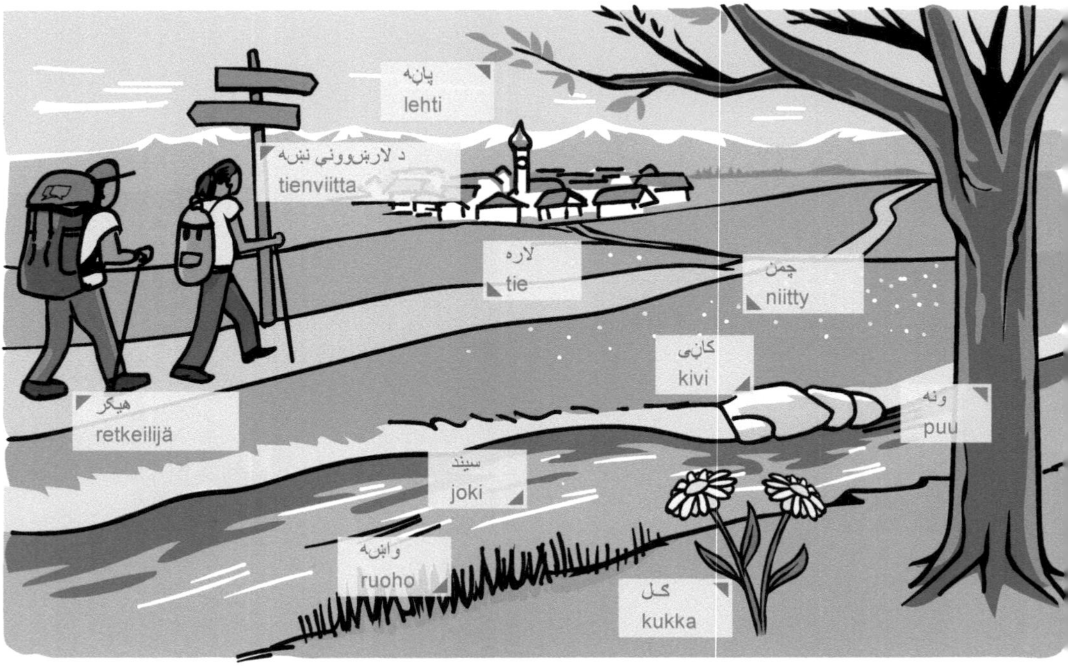

پاڼه
lehti
د لاربښووني نښه
tienviitta
لاره
tie
چمن
niitty
کاڼی
kivi
هیکر
retkeilijä
ونه
puu
سیند
joki
واښه
ruoho
ګل
kukka

دره
....
laakso

غوندی
....
vuori

ناور
....
järvi

ځنګل
....
metsä

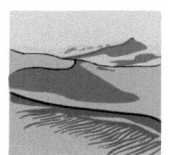

دشته
....
aavikko

اورشيندی
....
tulivuori

کلا
....
linna

رنګين کمان
....
sateenkaari

مرخيري
....
sieni

پلم ونه
....
palmu

ماشي
....
hyttynen

الوتل
....
kärpänen

ميږی
....
muurahainen

مچی
....
mehiläinen

غوندڼ/جولا
....
hämähäkki

كونگكت

kovakuoriainen

چونگشه

sammakko

نولى

orava

زيرکی

siili

سوى

jänis

كونگ

pöllö

مرغى

lintu

قازه

joutsen

نرخوگ

villisika

هوسى

peura

گاوزه

hirvi

بند

pato

بادي توربين

tuulimylly

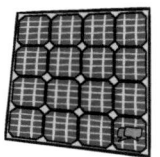

سولر تختى

aurinkopaneeli

اقليم

ilmasto

ریسټورانټ

ravintola

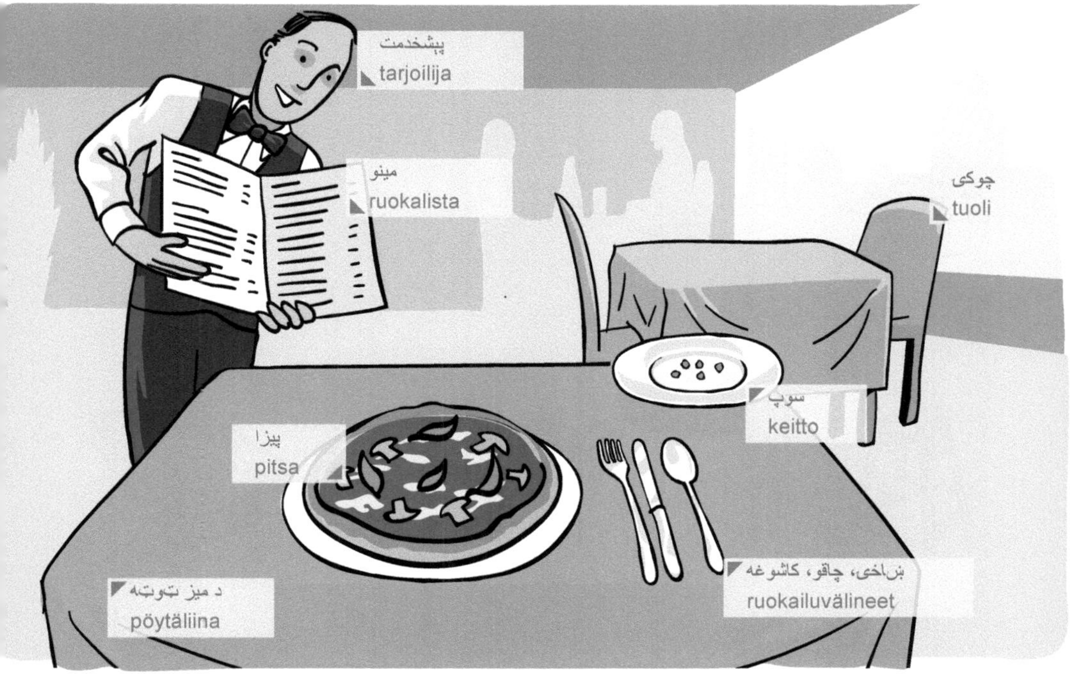

پېشخدمت
tarjoilija
مینو
ruokalista
چوکۍ
tuoli
سوپ
keitto
پیزا
pitsa
ښاخی، چاقو، کاشوغه
ruokailuvälineet
د میز ټوټه
pöytäliina

ستارټر

alkuruoka

اصلي خواړه

pääruoka

شیرني

jälkiruoka

څښاک

juomat

خواړه

ruoka

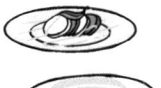

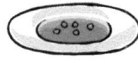

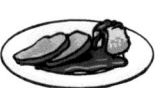

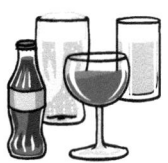

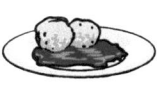

بوتل

pullo

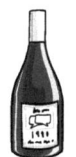

فاسټ فوډ

pikaruoka

د کوڅی خوارہ

katuruoka

چای جوش

teekannu

قندانی

sokeriastia

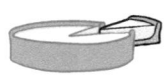

برخه

annos

اسپرسو مشين

espressokeitin

لوړہ چوکی

syöttötuoli

رسيد

lasku

مجمه

tarjotin

چاکو

veitsi

پنجه

haarukka

قاشق

lusikka

چای قاشق

teelusikka

سورويټ

servietti

ګلاس

lasi

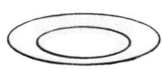

پلیټ

lautanen

د سوپ پلیټ

syvä lautanen

کی البکیان

aluslautanen

ساس

kastike

مالکه شیندونکی

suolasirotin

د مرچ ت کولو لو خی

pippurimylly

سرکه

etikka

غوري

öljy

مساله

mausteet

کچ اپ

ketsuppi

مشر

sinappi

چکه

majoneesi

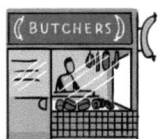

لوی پلورنځی
supermarketti

خانګړی وړاندیز
tarjous
پیرودونکی
asiakas
لبنیات
maitotuotteet
لاسي ګرځ
ostoskärryt
میوه
hedelmät
FOR

BUTCHERS

قصابي

teurastamo

BAKERY

نانوایی

leipomo

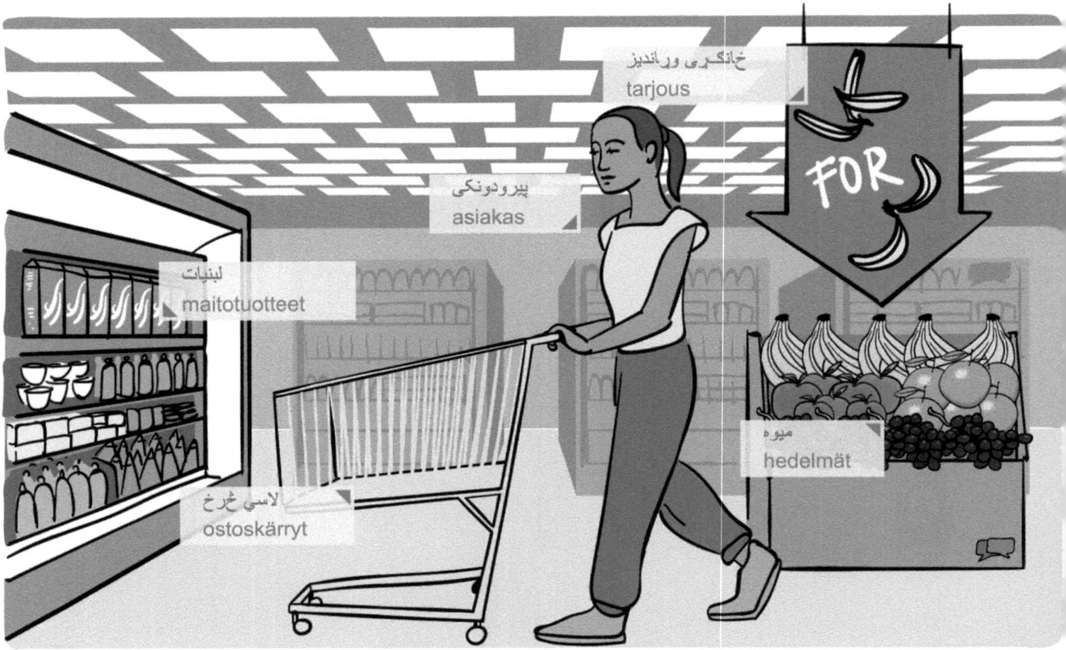

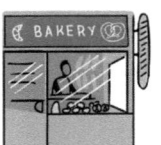

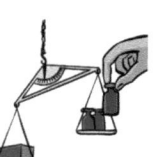

وزن کول

punnita

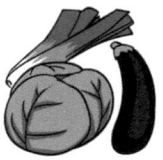

سبزیجات

kasvikset

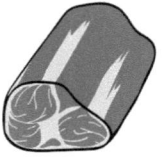

غوښه

liha

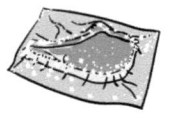

کنګل خواره

pakasteet

هغوبيخ

leikkele

هراوخا اوسرنک

säilykkeet

ردوپ ولونيم د

pesujauhe

ينيريش

makeiset

تاديلوت ينروك

kotitaloustarvikkeet

تلاوصحم ولوكاپ د

puhdistusaineet

درف رولپ د

myyjä

رتسجار يدغن د

kassa

فارص

kassanhoitaja

تسيل دورپيپ د

ostoslista

هنوتعاس يراك

aukioloajat

هوتب

lompakko

تراک تيديرک

luottokortti

هروخک

kassi

هروخک کيتسلاپ

muovipussi

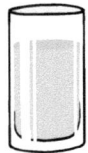

اوبه

vesi

سوج

mehu

شیده

maito

کوک

kokis

واین

viini

بیر

olut

الکول

alkoholi

ککاو

kaakao

چای

tee

کافي

kahvi

اسپرسو

espresso

کپچینو

cappuccino

كيله

banaani

مڼه

omena

نارنج

appelsiini

هندوانه

meloni

لیمو

sitruuna

گازره

porkkana

هوږه

valkosipuli

بانکس

bambu

پیاز

sipuli

مرخیړي

sieni

چغزی

pähkinät

آش

spagetti

سپیگـتـي

spagetti

وریجی

riisi

سلاد

salaatti

چیپس

ranskalaiset

سره کړي کچالو

paistetut perunat

پیزا

pitsa

همبرگر

hampurilainen

ساندویچ

voileipä

کتره

leike

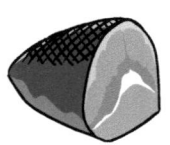

د پتون غوښـه

kinkku

سلمي

salami

ساسج

makkara

چرگ

kana

روسـت

paisti

کب

kala

د وربشي شيرني

kaurahiutaleet

موسلي

mysli

د جوار پلی

murot

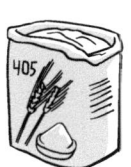

اوړه

jauho

کروسانت

voisarvi

د ډوډۍ رول

sämpylä

ډوډۍ

leipä

نّوسټ

paahtoleipä

بسکیټ

keksit

کوچ

voi

چکه

rahka

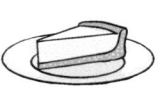

کیک

kakku

هګۍ

kananmuna

پێزي هګۍ

paistettu kananmuna

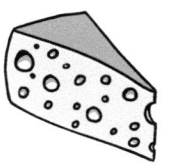

پنیر

juusto

آيس كريم

jäätelö

بوره

sokeri

شهد

hunaja

مربا

hillo

نوگات كريم

suklaapähkinälevite

كوركمان

curry

maatila

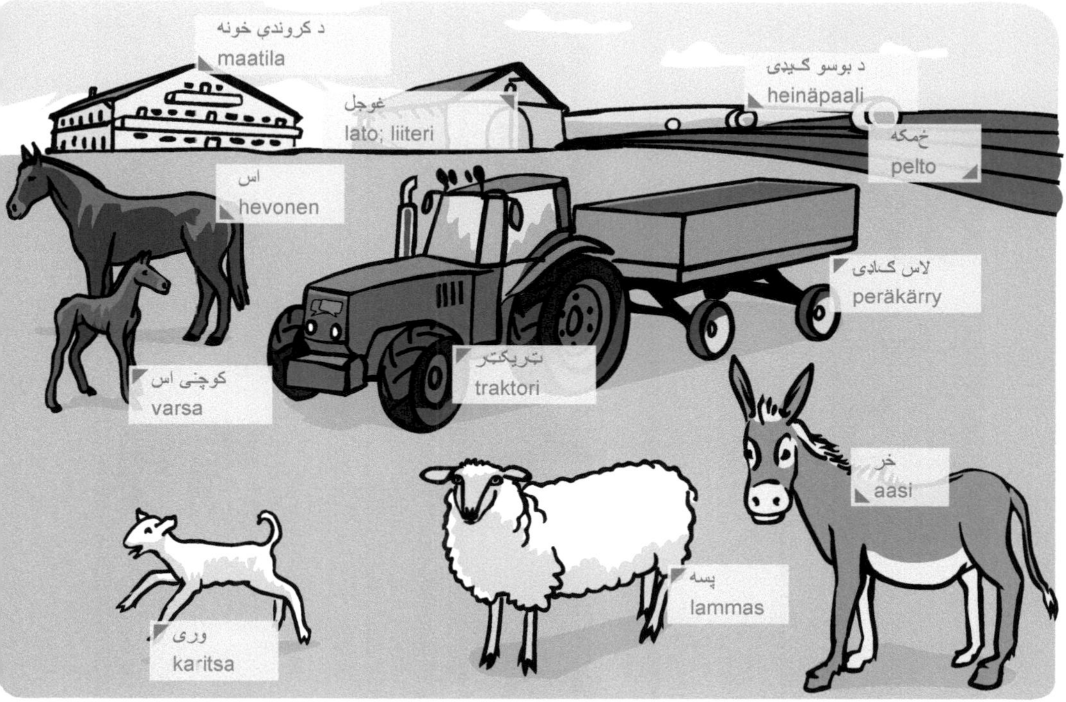
د کروندي خونه
maatila
غوجل
lato; liiteri
د بوسو ګېډۍ
heinäpaali
خمکه
pelto
اس
hevonen
لاس ګاډی
peräkärry
کوچنی اس
varsa
ټریکټر
traktori
خر
aasi
پسه
lammas
وری
karitsa

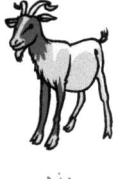

وزه
....
vuohi

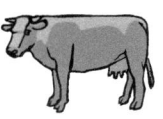

غوا
....
lehmä

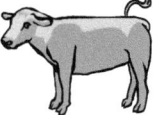

خوسکی
....
vasikka

خوګ
....
sika

د خوګ بچی
....
porsas

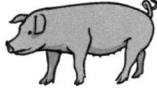

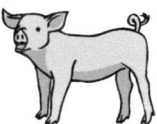

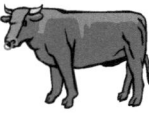

غویی
....
sonni

بته

hanhi

هیلی

ankka

چرګوړی

tipu

چرګه

kana

بانګي

kukko

سارای موږک

rotta

پیشک

kissa

موږک

hiiri

غویی

härkä

سپی

koira

د سپي خونه

koirankoppi

د باغ هوز

puutarhaletku

د اوبو لوخی

kastelukannu

لور (داس)

viikate

یوی

aura

لور
....
sirppi

رمبی
....
kuokka

بن‌اخی
....
talikko

تبر
....
kirves

کراچی
....
kottikärryt

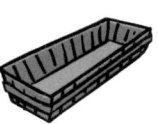

ناوه
....
kaukalo

د شیدو لوخی
....
maitokannu

جوال
....
säkki

کت‌اره
....
aita

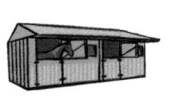

مضبوط
....
talli

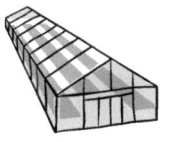

شنه خونه
....
kasvihuone

خاوره
....
maa

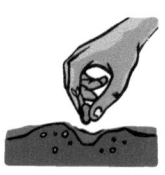

تخم
....
siemen

سر/هره/کود
....
lannoite

گد ریبیونکی ماشین
....
leikkuupuimuri

زیرمه کول

kerätä sato

درمند

sato

خواره کچالو

jamssit

غنم

vehnä

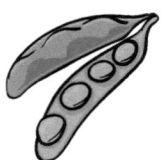

سویا

soija

کچالو

peruna

جوار

maissi

نباتي تخم

rypsi

د میوی ونه

hedelmäpuu

مانیوک

maniokki

غله

vilja

درځه
savupiippu

بام
katto

ناودان
sadevesikouru

کرکی
ikkuna

کراج
autotalli

د دروازي زنگ
ovikello

دروازه
ovi

اشغالدانۍ
roska-astia

د لیک بکس
postilaatikko

باغ
puutarha

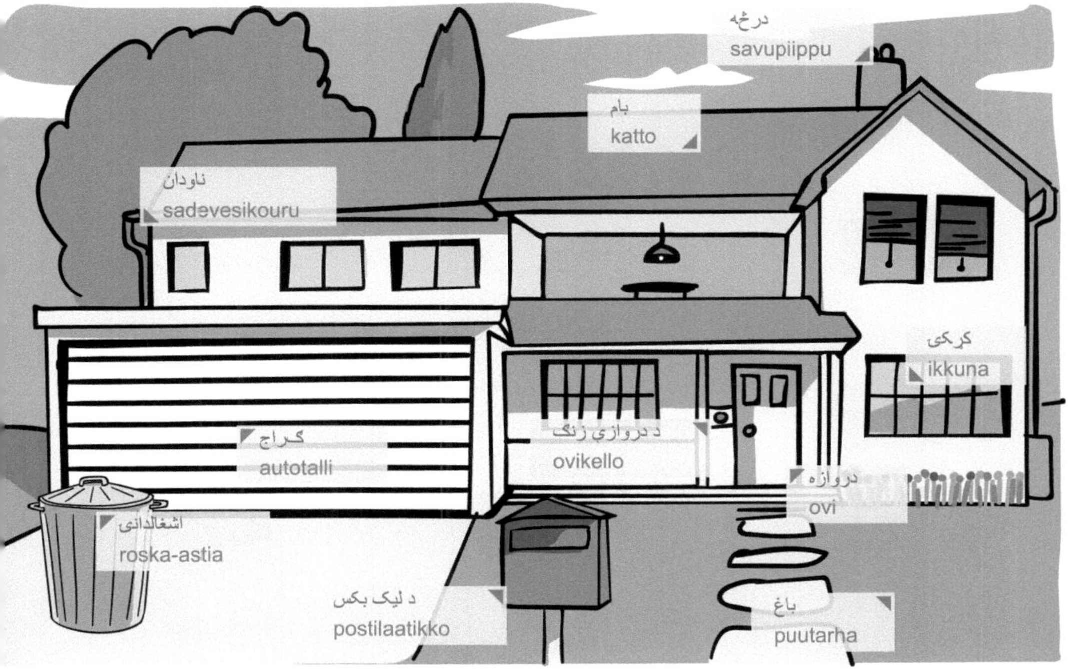

د اوسیدو خونه
....
olohuone

حمام
....
kylpyhuone

پخلنځی
....
keittiö

د ویده کیدو خونه
....
makuuhuone

د ماشوم خونه
....
lastenhuone

د خوارو خونه
....
ruokahuone

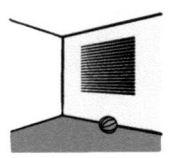

فرش

lattia

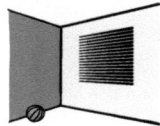

لايوديد

seinä

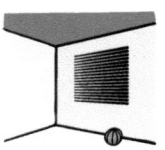

تچ

katto

زيرخانه

kellari

انوس

sauna

بالكوني

parveke

سراتت

terassi

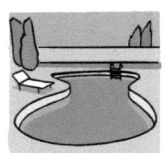

ضوح

uima-allas

د چمن وهلو ماشين

ruohonleikkuri

تيبش

lakana

يابوجور

päiväpeitto

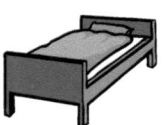

تخت

sänky

وراج

harja

هكوب

ämpäri

چيوس

katkaisin

د اوسیدو خونه
olohuone

والپیپر
tapetti
عکس
kuva
لامپ
lamppu
شیلف
hylly
الماری
kaappi
تلویزیون
televisio
نغری
takka
ګل
kukka
بالښت
tyyny
صوفه
sohva
ګلدانی
maljakko
ریموټ کنټرول
kaukosäädin

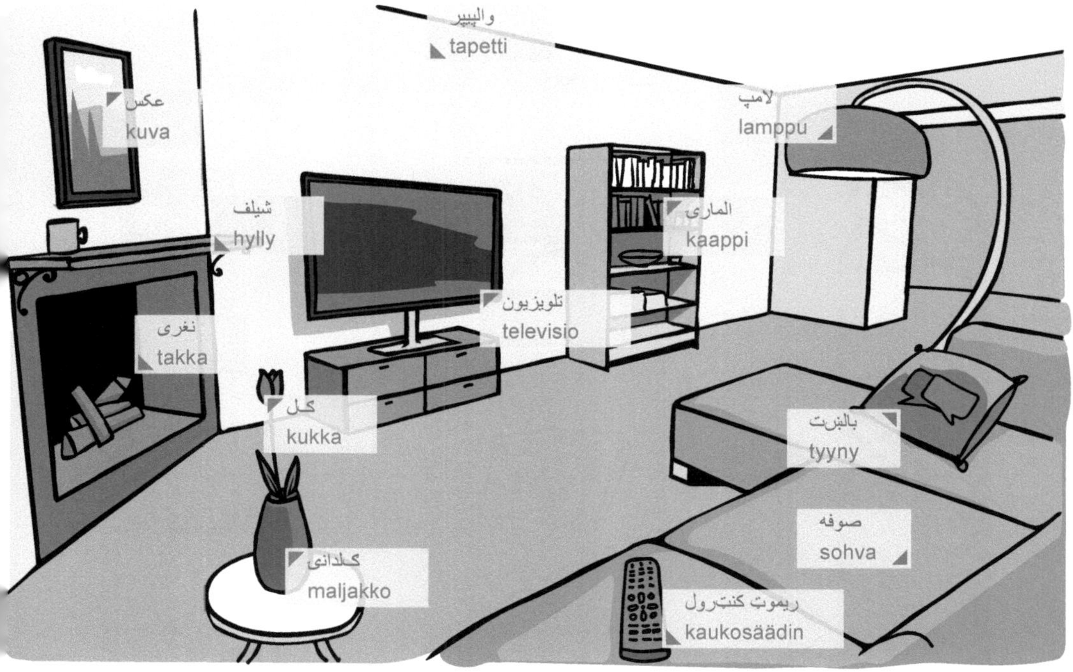

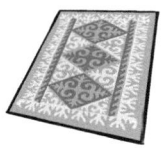

غالی

matto

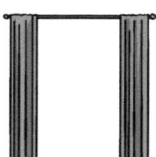

پرده

verho

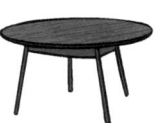

میز

pöytä

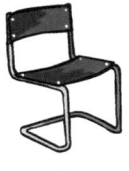

چوکی

tuoli

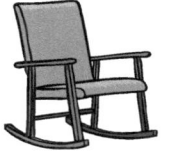

تاویدونکي چوکی

keinutuoli

بازو لرونکی چوکی

nojatuoli

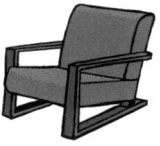

كتاب

kirja

كمبل

peitto

ديكوريشن

koriste

د اور لرکي

polttopuut

فلم

elokuva

هايـفاى

stereot

کلي

avain

ورځپانه

sanomalehti

نقاشي

maalaus

پوستر

juliste

راديو

radio

کتابچه

muistivihko

واكيوم جارو

pölynimuri

كاكتوس

kaktus

شمع

kynttilä

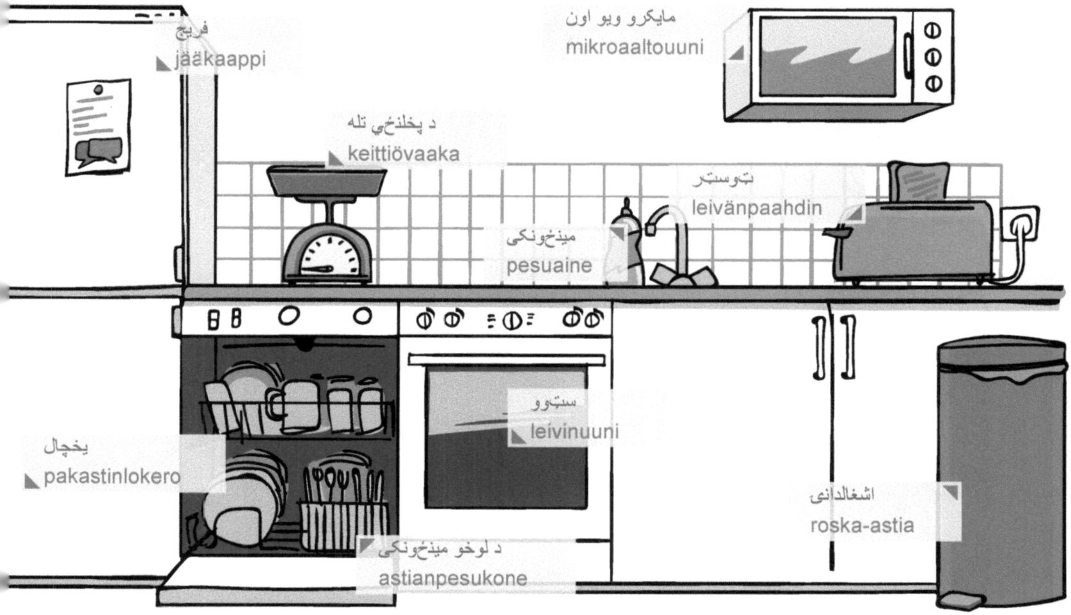

فرېج
jääkaappi

مايكرو ويو اون
mikroaaltouuni

د پخلنځي تله
keittiövaaka

تُوسټر
leivänpaahdin

مينځونکی
pesuaine

سټوو
leivinuuni

يخچال
pakastinlokero

اشغالدانی
roska-astia

د لوخو مينځونکی
astianpesukone

ديگ بخار
.....
liesi

لوخی
.....
kattila

چدني لوخی
.....
rautapata

ووک
.....
vokkipannu / kadai-pannu

د تلی په
.....
paistinpannu

چای جوش
.....
teepannu

د بخار دیگ

höyrykeitin

پتنوس

uunipelti

لوخي

astiat

مگ

muki

كاسه

kulho

د رانیولو اوزار

syömäpuikot

څمڅۍ

kauha

كفگير

paistinlasta

پاکونکۍ

vispilä

صافي

siivilä

غلبیل

siivilä

کریتر

raastin

اونگ

mortteli

بار بي کیو

grilli

خلاص اور

avotuli

تخته

leikkuulauta

هوارونکی

kaulin

کارک سکريو

korkinavaaja

تبن

purkki

د تبن خلاصونکی

purkinavaaja

د لوخي تبوتبه

pannulappu

ظرف شوى

lavuaari

برس

tiskiharja

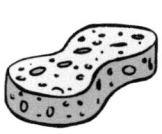

سپنج

pesusieni

بلیندر

tehosekoitin

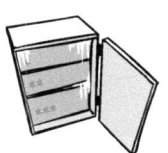

ژور يخچال

pakastin

د ماشوم بوتل

tuttipullo

نل

vesihana

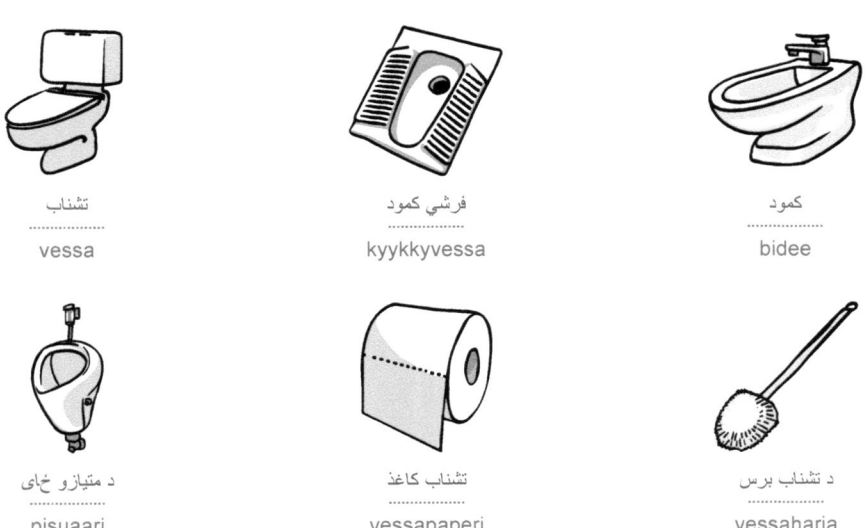

حمام

kylpyhuone

تودول
lämmitys
جان پاک
pyyhe
شاور
suihku
د شاور پرده
suihkuverho
ببل حمام
vaahtokylpy
د حمام ټب
kylpyamme
ګلاس
lasi
د مینځلو مشین
pesukone
نل
vesihana
ټایلونه
kaakelit
يو ډول کمود
potta
ظرف شوی
lavuaari

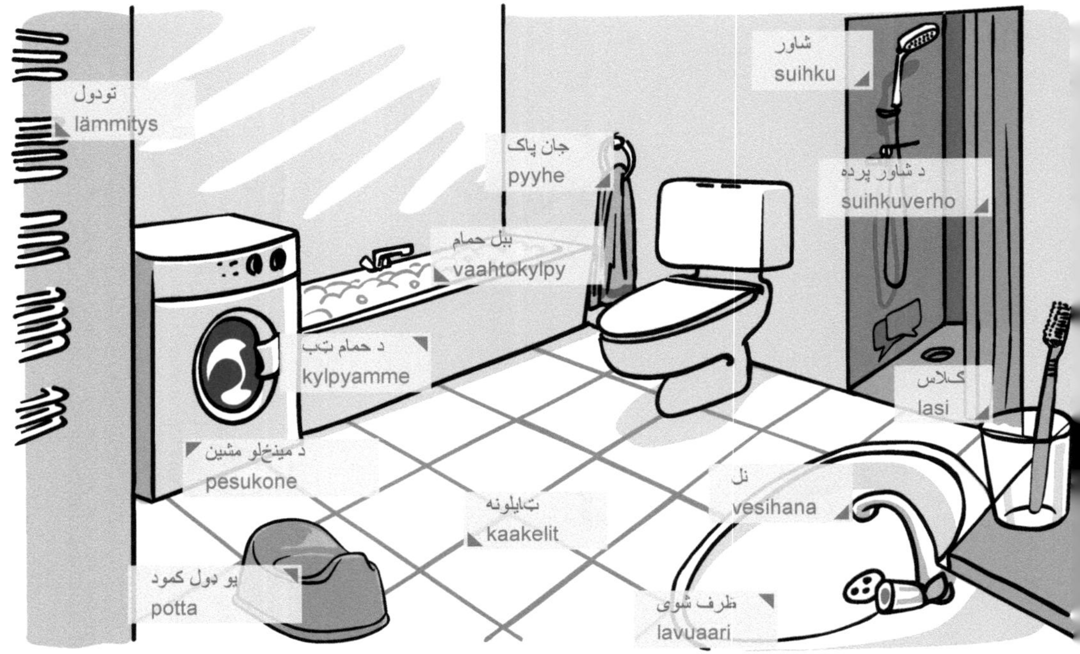

تشناب

vessa

فرشي کمود

kyykkyvessa

کمود

bidee

د متیازو ځای

pisuaari

تشناب کاغذ

vessapaperi

د تشناب برس

vessaharja

سرب ونوبش غد

hammasharja

كريم ونوبش غد

hammastahna

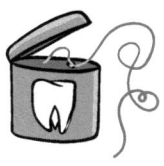

نخ ونوبش غد

hammaslanka

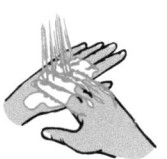

لخيذم

pestä

راوش يساال

käsisuihku

دوش

intiimisuihku

كانخ

pesuvati

سرب اش د

selkäharja

نوباص

saippua

ژل راوش د

suihkugeeli

ويپماش

shampoo

هماج لانالف

pesulappu

لوچو

viemäri

ميرك

voide

يرپس

deodorantti

آینه

peili

آینه ساي لاس

käsipeili

ریز

partaveitsi

د خریلو فوم

partavaahto

د خریلو وروسته

partavesi

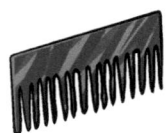

خمذگ

kampa

سرب

harja

د ویښتانو وچونکی

hiustenkuivaaja

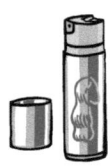

د ویښتانو سپری

hiuslakka

میک اپ

meikki

لیپ ستیک

huulipuna

د نوکانو پالش

kynsilakka

کاتن وری

pumpuli

ناخن گیر

kynsisakset

عطر

hajuvesi

د مینځلو کڅوړه

kosmetiikkalaukku

ستول

jakkara

د وزن کولو تله

vaaka

د حمام پوښاک

kylpytakki

د ربر دستکش

kumihansikkaat

تهمپون

tamponi

صحیی جان پاک

terveysside

کیمیکل تشناب

kemiallinen wc

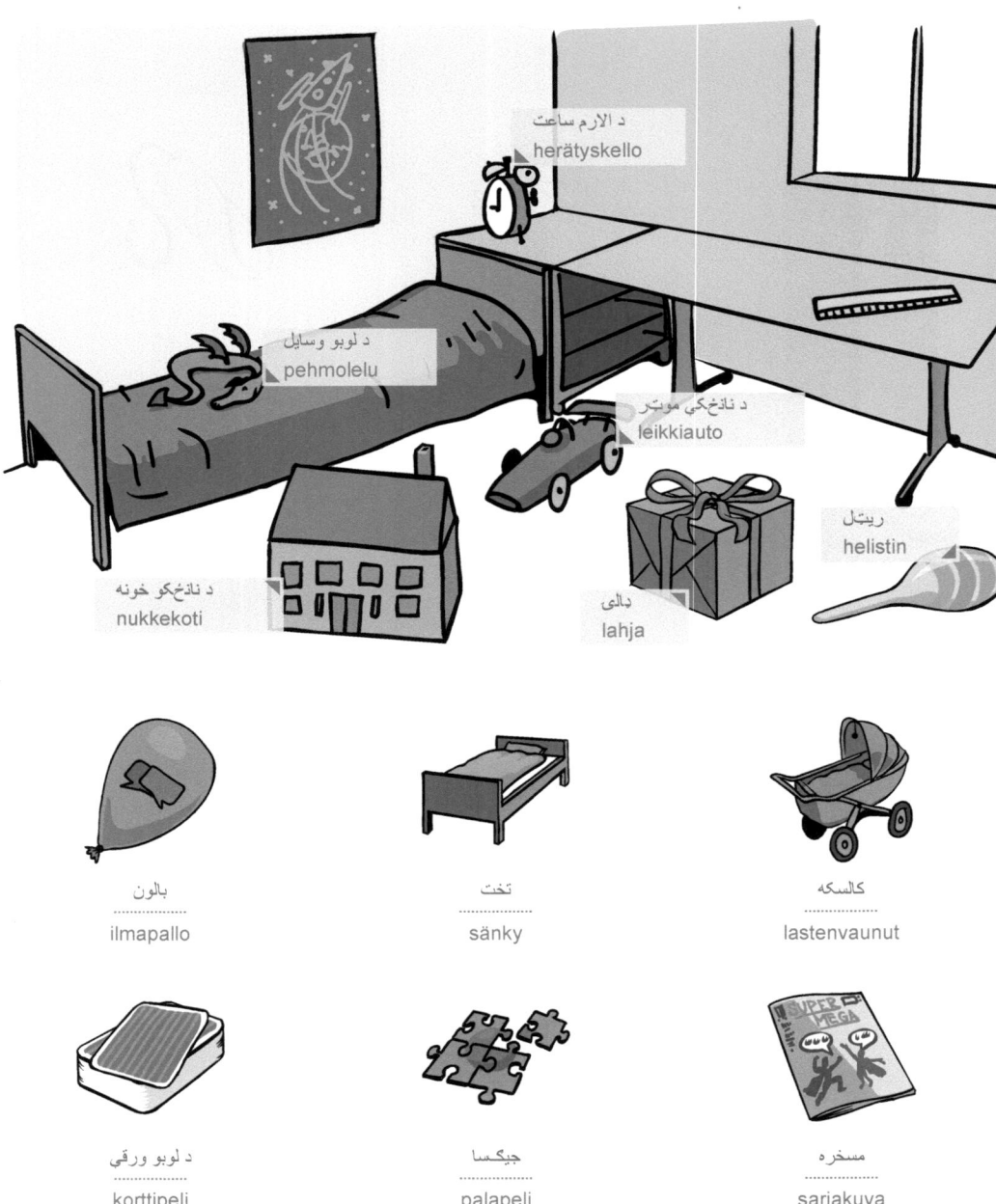

د الارم ساعت
herätyskello

د لوبو وسایل
pehmolelu

د ناڅخکي موټر
leikkiauto

ریټل
helistin

د ناڅخکو خونه
nukkekoti

ډالۍ
lahja

بالون
ilmapallo

تخت
sänky

کالسکه
lastenvaunut

د لوبو ورقي
korttipeli

جيګسا
palapeli

مسخره
sarjakuva

کریب وگیل

legopalikat

کلاب وخڅاند

rakennuspalikat

روکگیف نشکا د

supersankari

کاښنبوپ موشام د

potkupuku

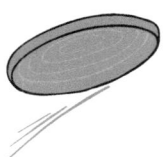

یبزیرف

frisbee

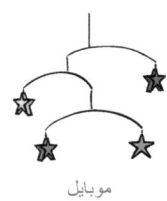

لیابوم

mobile

هبولډ وبورب

lautapeli

سات

noppa

تیبس لیر لدام

pienoisjunarata

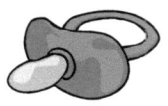

شگنوگ

tutti

يتراپ

juhlat

موبلا ونوسکع د

kuvakirja

لاب

pallo

هکڅانزان

nukke

لدیبول

leikkiä

د ښکو کنده

hiekkalaatikko

سوينگ

keinu

ناز خکی

lelut

د ويديو لوبو کنسول

pelikonsoli

تر ای سایکل

kolmipyörä

کوډکه

nalle

د کالو الماری

vaatekaappi

جرابي

sukat

لوري جرابي

nylonsukat

ستاينت

sukkahousut

زروکی
kaulaliina

چتری
sateenvarjo

کمربند
vyö

تي شرت
t-paita

سنیکر
lenkkarit

بوتتان
saappaat

سلیپر
sisätossut

سیندل
....
sandaalit

بوتتان
....
kengät

د ربر بوتتان
....
kumisaappaat

زیرنیکري
....
alushousut

سینه بند
....
rintaliivit

واسکتّ
....
aluspaita

بادي

body

پتلون

housut

جينز

farkut

لمن

hame

بلاوز

pusero

شرت

paita

بنيان

villapaita

سويتر

collegepaita

بليزر

jakku

جاكت

takki

كوت

takki

د باران كوت

sadetakki

پوښاک

puku

كالي

mekko

د واده پوښاک

hääpuku

دريشي

puku

د ښپي پوښاک

yöpaita

پاجامه

pyjama

ساري

shari

لوپته

päähuivi

پتکی

turbaani

برقه

burka

کفتن

kaftaani

عبا

abaya

د لامبو پوښاک

uimapuku

نيکر

uimahousut

شارت

shortsit

د خغاستي پوښاک

verkkarit

پيش بند

esiliina

دستکش

käsineet

بتن
nappi

عینک
silmälasit

لاس بند
rannekoru

غاره کی
kaulakoru

هـتوـگ
sormus

غوروالی
korvakoru

خولی
lippalakki

کوتّ بند
ripustin

خولی
hattu

تـایـی
solmio

خڅخیر
vetoketju

هیلمیت
kypärä

تّرونکی
henkselit

د ښوونځي يونيفارم
koulupuku

يونيفارم
univormu

بیب
....
ruokalappu

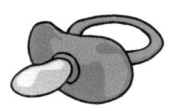

ګونګشی
....
tutti

نیپي
....
vaippa

دفتر

toimisto

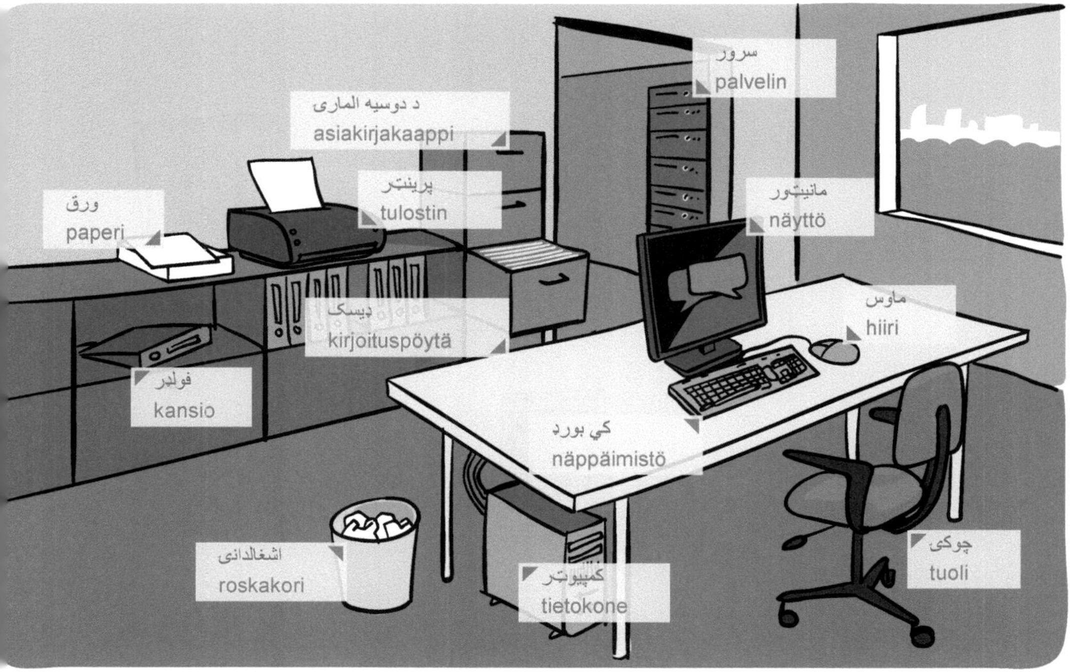

سرور
palvelin

د دوسیه الماری
asiakirjakaappi

مانیټور
näyttö

پرینتر
tulostin

ورق
paperi

ماوس
hiiri

ډیسک
kirjoituspöytä

فولدر
kansio

کي بورډ
näppäimistö

چوکۍ
tuoli

اشغالدانی
roskakori

کمپیوټر
tietokone

د کافي پیاله
....
kahvimuki

کالکولیټر
....
taskulaskin

انټرنیټ
....
internet

پاپ تپ

kannettava tietokone

کیل

kirje

مغام

viesti

موبایل

kännykkä

کروتّین

verkko

فوتوکاپیر

kopiokone

سافتویر

ohjelmisto

تلیفون

puhelin

تکاس کلپ

pistorasia

فکس مشین

faksi

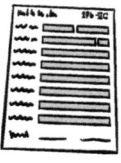

فارم

lomake

سند

asiakirja

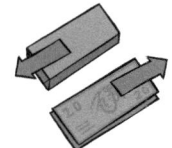

پیر لر
....
ostaa

کول هیده تادیه
....
maksaa

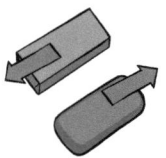

کول يري کاوداسو
....
vaihtaa

سیمیپ
....
raha

رالاد
....
dollari

وروی
....
euro

ین
....
jeni

ربل
....
rupla

کنارف يسيوس
....
frangi

يوان يبنيمینر
....
renminbi juan

یپور
....
rupia

یاخ وسيپ يدغن د
....
pankkiautomaatti

د اسعارو د تبادلي دفتر

rahanvaihto

سره زر

kulta

سپين زر

hopea

تیل

öljy

انرژي

energia

نرخ

hinta

قرارداد

sopimus

مالیه

vero

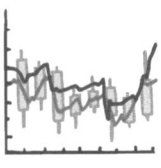

اسهام

osake

کار کول

työskennellä

کارمند

työntekijä

کار ګوماورونکی

työnantaja

فابریکه

tehdas

پلورنځی

liike

: پولیسو افسر
poliisi

د اطفایه غرى
palomies

آشپز
kokki

ډاکټر
lääkäri

پیلوټ
lentäjä

باغوان

puutarhuri

نجار

puuseppä

خیاط

ompelija

قاضي

tuomari

کیمیا پوه

kemisti

د فلم لوبغاړى

näyttelijä

د بس ډرايور
....
linja-autonkuljettaja

د ټيکسي ډرايور
....
taksinkuljettaja

کب نيونکی
....
kalastaja

خدمه
....
siivooja

بام جوړونکی
....
katontekijä

پيشخدمت
....
tarjoilija

ښکاري
....
metsästäjä

نقاش
....
maalari

نانوا
....
leipuri

د برېښنا کارکونکی
....
sähköasentaja

تعمير جوړونکی
....
rakentaja

انجنير
....
insinööri

قصاب
....
teurastaja

نلدوان
....
putkiasentaja

پوست رسونکی
....
postinjakaja

سرتيرى

sotilas

مهندس

arkkitehti

صراف

kassanhoitaja

ماليار

floristi

نايى

kampaaja

كليندر

konduktööri

ميكانيك

mekaanikko

كپتان

kapteeni

د غاښونو داكتر

hammaslääkäri

ساينس پوه

tiedemies

يش‌اغلى

rabbi

امام

imaami

مذهبي نفر

munkki

پادري

pappi

لوازم
työkalut

څټکی
vasara
پیچکش
ruuvimeisseli
پلاس
pihdit
رینچ
jakoavain
څراغ
taskulamppu

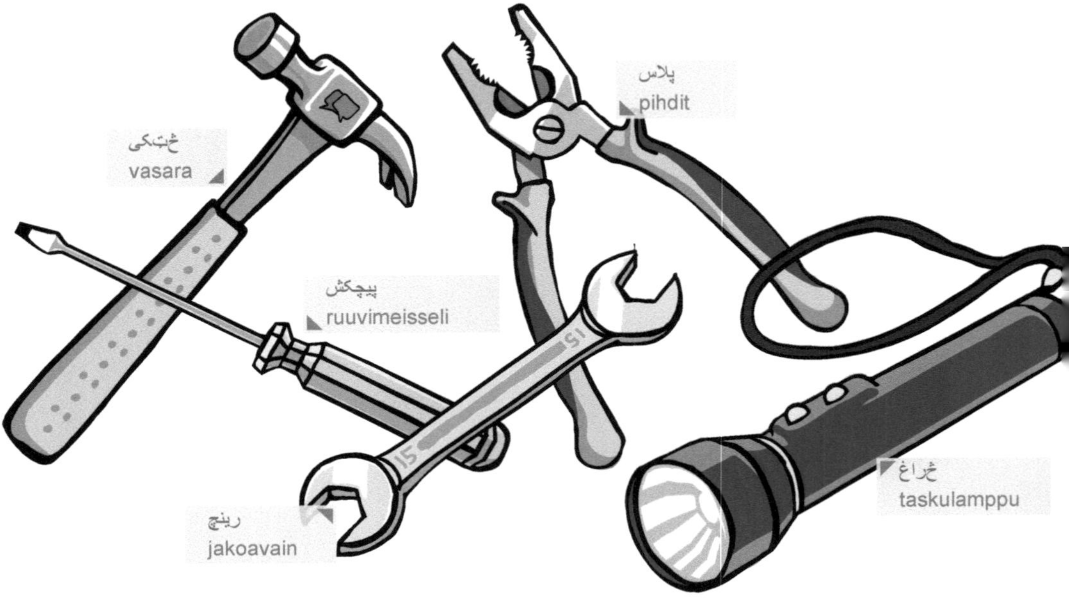

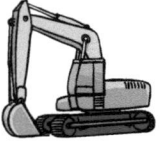

کنستونکی

kaivinkone

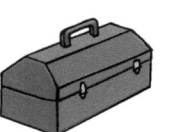

د لوازمو بکس

työkalupakki

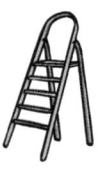

زینه

tikkaat

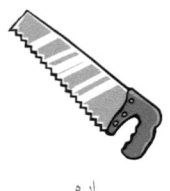

اره

saha

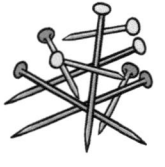

میخونه

naulat

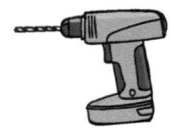

برمه

pora

ترمیم کول

korjata

بیل

lapio

لعنت!

Hitto!

خاک انداز

rikkalapio

مشوانی

maalipurkki

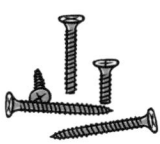

پیچونه

ruuvit

د میوزیک آلات

soittimet

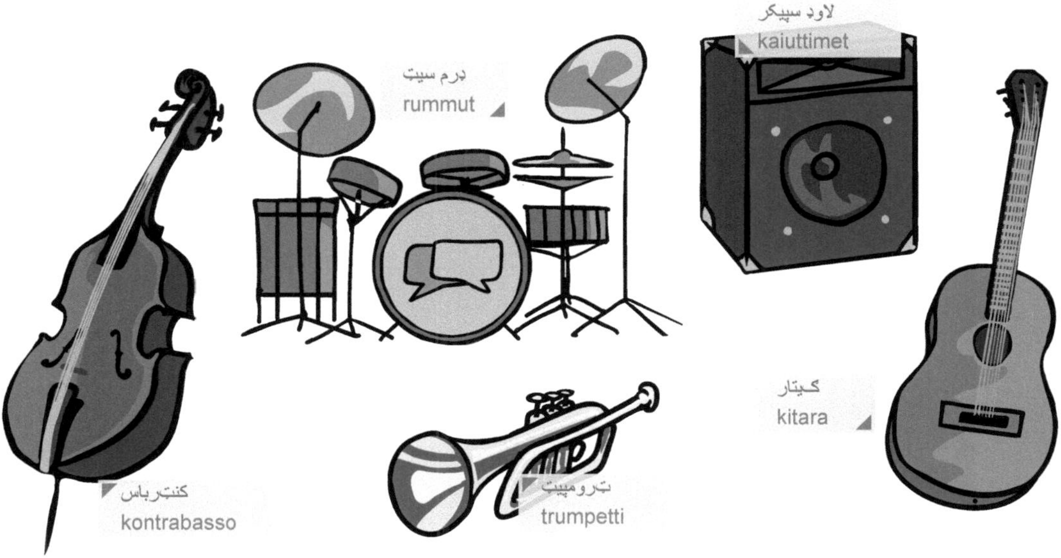

لاود سپیکر
kaiuttimet

درم سیت
rummut

کنترباس
kontrabasso

گیتار
kitara

ترومپیت
trumpetti

پیانو

piano

وایلن

viulu

باس

basso

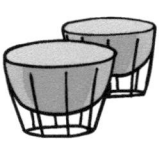

نغاره

patarummut

درمونه

rumpu

کي بورد

kosketinsoitin

سیکسافون

saksofoni

شپیلی

huilu

مایکروفون

mikrofoni

پرانگ
tilkeri

ئۇنوتو لاره
sisäänkäynti

پنجره
häkki

گوره خر
seepra

د ژوبيو خواره
eläinten ruoka

پاندا
panda

ژوى

eläimet

هاتي

norsu

كنگرو

kenguru

د اوبو اسپ

sarvikuono

گوريلا

gorilla

ايږه

karhu

شوا
....
kameli

غمرترش
....
strutsi

ىرمز
....
leijona

وزيب
....
apina

ىزغ
....
flamingo

ىطوط
....
papukaija

قطبي ايرہ
....
jääkarhu

پینگوین
....
pingviini

شارک
....
hai

طاوس
....
riikinkukko

مار
....
käärme

تمساح
....
krokotiili

ژوبن ساتونکی
....
eläintarhanhoitaja

سیل
....
hylje

جگوار
....
jaguaari

يابو

poni

پرانگ

leopardi

هيپو

virtahepo

زرافه

kirahvi

باز

kotka

نرخوک

villisika

کب

kala

ﺷﻤﺸﺘﯽ

kilpikonna

سمندري نولی

mursu

کيدره

kettu

هوسی

gaselli

امریکایی فټبال
amerikkalainen jalkapallo

سایکل ځغلول
pyöräily

تینیس
tennis

باسکیتبال
koripallo

لامبو
uinti

د کنګل هاکي
jääkiekko

باکسینګ
nyrkkeily

فټبال
jalkapallo

کسیزه
sulkapallo

د خ‌غاستي لوبي
yleisurheilu

د هندبال
käsipallo

سکي
hiihto

پولو
poolo

فعالیتونه

aktiviteetit

خندل
nauraa
ټوپ وهل
hypätä
غاړه ورکول
halata
ګرځېدل
kävellä
سندري ويل
laulaa
خوب ليدل
unelmoida
عبادت کول
rukoilla
مچو کول
suudella

ليکل

kirjoittaa

کښل

piirtää

ښودل

näyttää

ټېله کول

painaa

ورکول

antaa

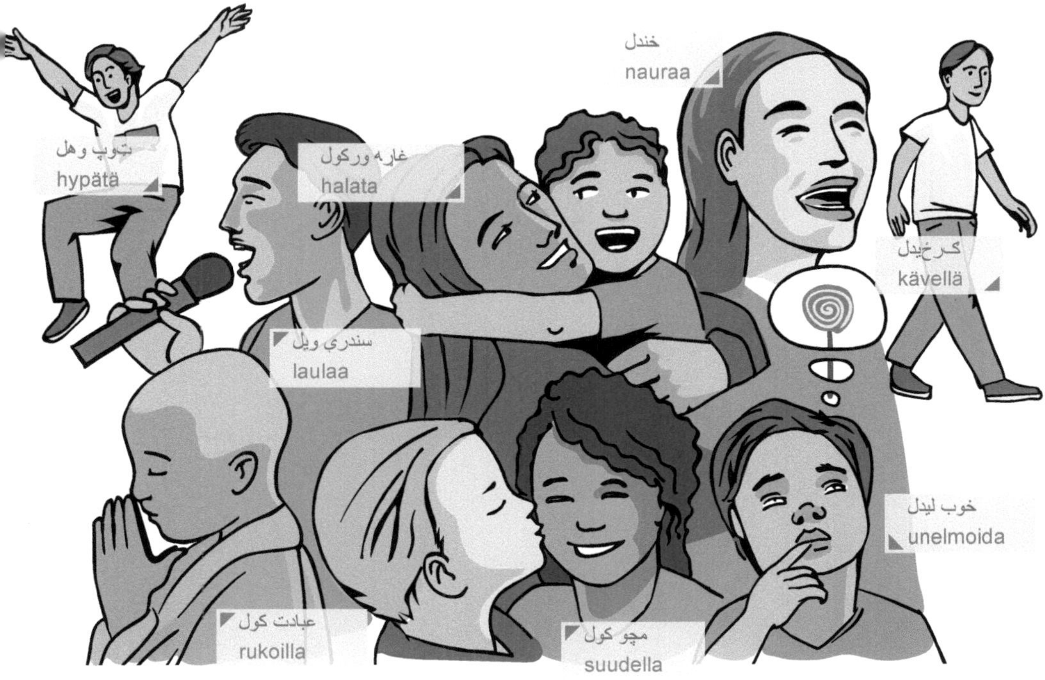

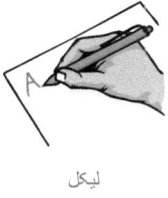

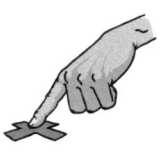

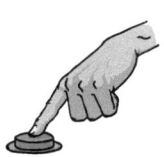

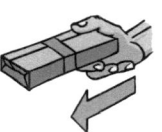

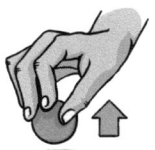

اخيستل

ottaa

دلولرد

omistaa

كول

tehdä

پاييدل

olla

ودريدل

seisoa

مندي وهل

juosta

لشكار

vetää

گـوزارل

heittää

لويدل

kaatua

ختملاستل

maata

انتظار كول

odottaa

ورل

kantaa

كتشيناستل

istua

پوشاك اغوستل

pukeutua

ويده كيدل

nukkua

پاخيدل

herätä

کتل

katsoa

ژړل

itkeä

بریدکول

silittää

کمنځ کول

kammata

خبری کول

puhua

پوهیدل

ymmärtää

غوښتل

kysyä

اوریدل

kuunnella

څښل

juoda

خورل

syödä

پاکول

siivota

مینه کول

rakastaa

پخلی کول

keittää

موټر چلول

ajaa

الوتل

lentää

بېرى چلول

purjehtia

حساب

laskea

لوستل

lukea

زده کول

oppia

کار کول

työskennellä

واده کول

mennä naimisiin

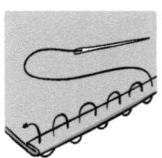

ګنډل

ommella

د غاښونو برس کول

pestä hampaat

وژل

tappaa

سګرټ څښل

tupakoida

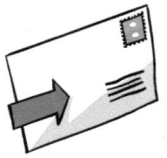

لیرل

lähettää

نیا / mummo

نیکه / ukki

پلار / isä

مور / äiti

ماشوم / vauva

لور / tytär

زوی / poika

ميلمه
....
vieras

ترور
....
täti

کاکا/ماما
....
setä

ورور
....
veli

خور
....
sisko

بدن

vartalo

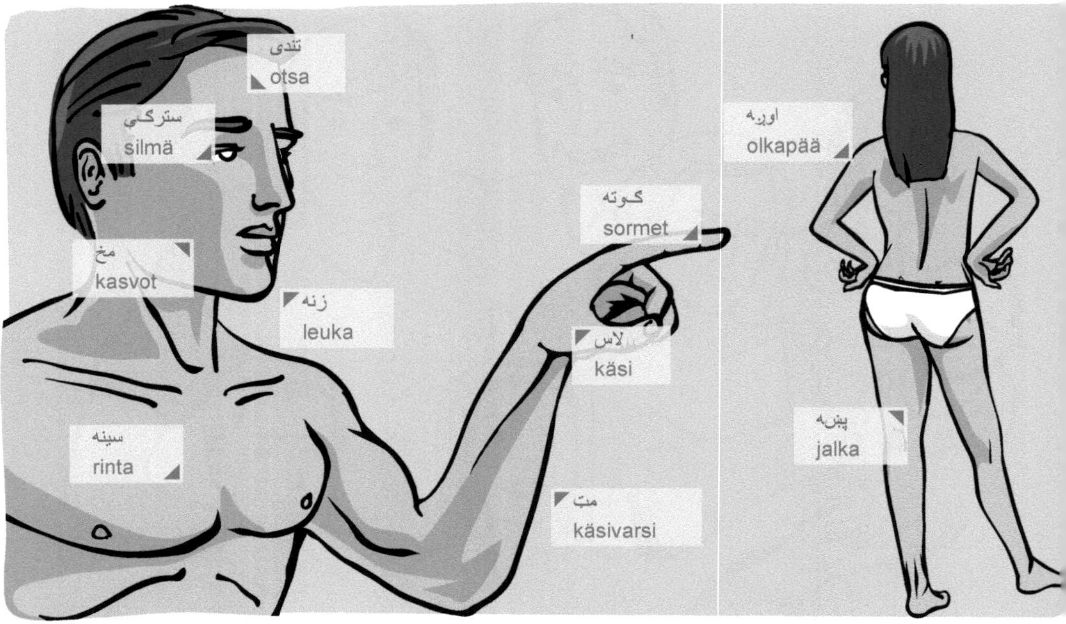
تندی
otsa
سترګی
silmä
ګوته
sormet
مخ
kasvot
زنه
leuka
لاس
käsi
سینه
rinta
مټ
käsivarsi
اوږه
olkapää
پښه
jalka

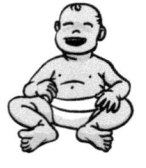

ماشوم

vauva

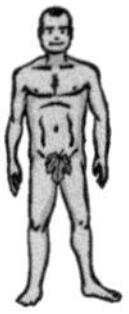

سړی

mies

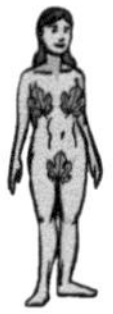

ښځه

nainen

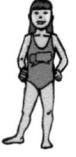

انجلۍ

tyttö

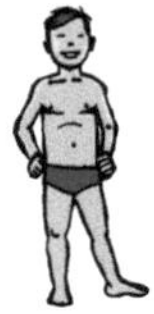

هلک

poika

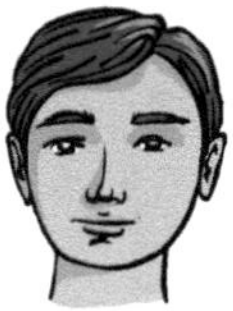

سر

pää

شاا
....
selkä

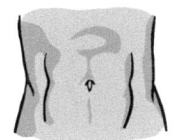

خیتّه
....
maha

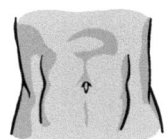

نوم
....
napa

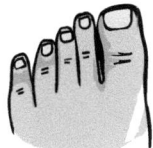

د پښۍ کوته
....
varvas

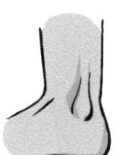

پونده
....
kantapää

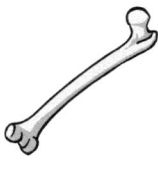

هډوکی
....
luu

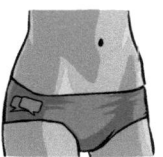

کوناتی
....
lantio

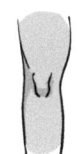

زنگون
....
polvi

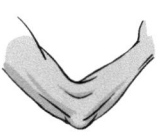

څنګل
....
kyynärpää

پوزه
....
nenä

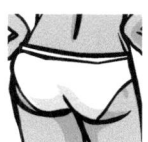

لاندی برخه
....
takapuoli

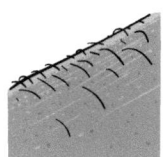

پوټکی
....
iho

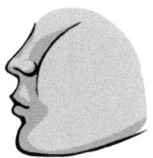

غومبوری
....
poski

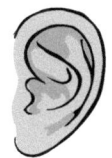

غوږ
....
korva

شونډه
....
huuli

خوله
....
suu

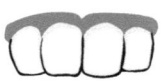

غاښ
....
hammas

ژبه
....
kieli

مغز
....
aivot

زړه
....
sydän

عضله
....
lihas

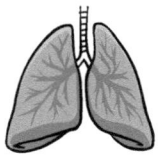

سږى
....
keuhkot

ځيګر
....
maksa

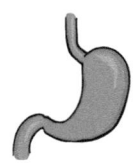

معده
....
vatsa

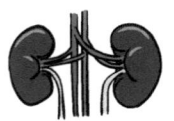

پښتورګي
....
munuaiset

جنسي نږدي والى
....
seksi

کاندوم
....
kondomi

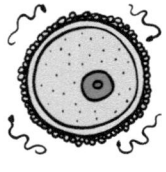

تخمه
....
munasolu

مني
....
sperma

حمل
....
raskaus

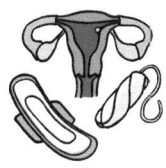

حيض

kuukautiset

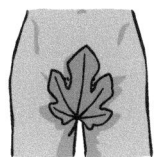

مهبل

vagina

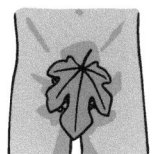

د نارينه تناسلي آله

penis

وروخى

kulmakarvat

ويښته

hiukset

غاړه

niska

روغتون
sairaala

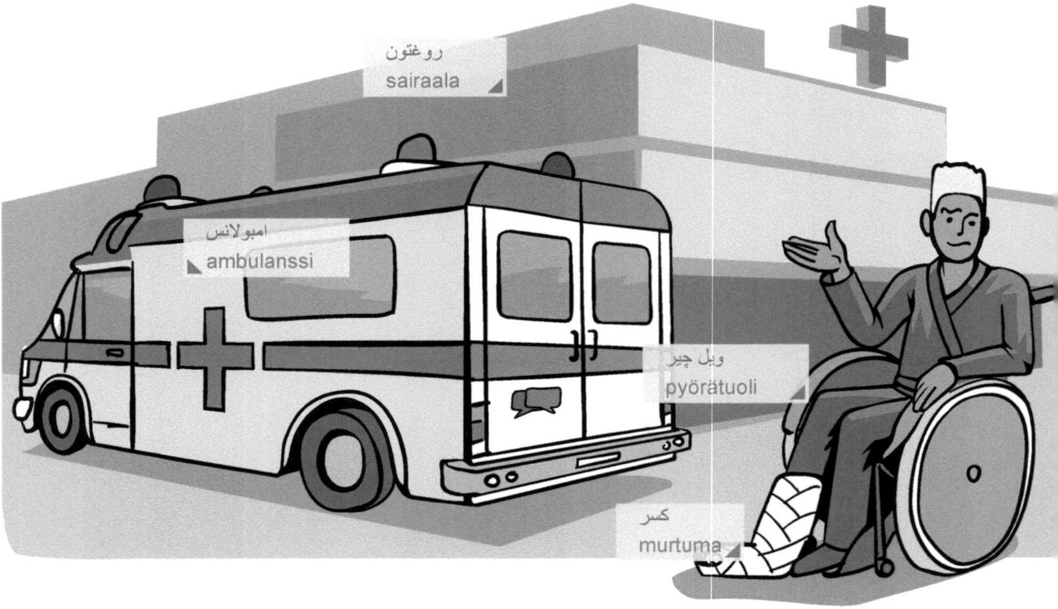

روغتون
sairaala
امبولانس
ambulanssi
ویل چیر
pyörätuoli
کسر
murtuma

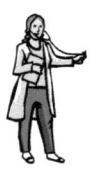

داکټر

lääkäri

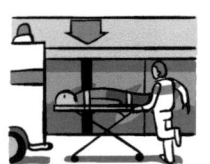

عاجل خونه

ensiapu

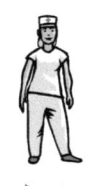

رنځورپال

sairaanhoitaja

عاجل

hätätilanne

بي هوش

tajuton

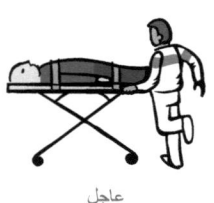

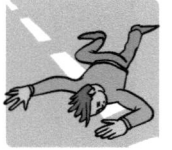

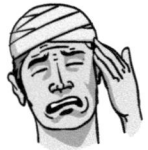

درد

kipu

پتَ

vamma

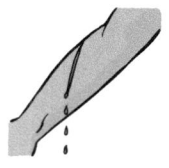

لدیوت هنیو

verenvuoto

د زره حمله

sydänkohtaus

برض

aivoinfarkti

تیساسح

allergia

خوتَ

yskä

هبتَ

kuume

ازنیولفنا

flunssa

نس ناستی

ripuli

سر درد

päänsärky

سرطان

syöpä

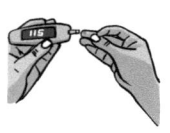

شکر

diabetes

جراح

kirurgi

سکالپل

veitsi

عملیات

leikkaus

سي.تي

ct

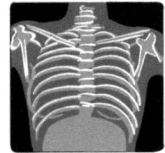

ری ری سکیا

röntgen

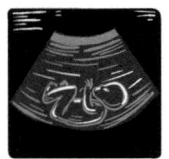

التراساوند

ultraääni

کسام مخ د

maski

يغوران

sairaus

انتظار خونه

odotushuone

آسما

sauva

پلستر

laastari

بنداژ

side

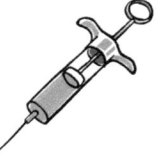

قزرتز

pistos

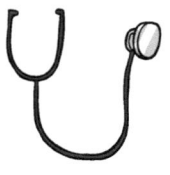

پوکسناتس

stetoskooppi

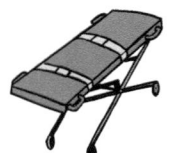

هرکیست

paarit

ترماميتر يکلينک

kuumemittari

زيږون

syntymä

زیات وزن

ylipaino

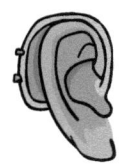

د اوريدو مرسته

kuulolaite

د عفونيت څخه پاکونكي مواد

desinfiointiaine

عفونيت

infektio

ويريوس

virus

ايچ.آی.وي/ايدز

HIV / AIDS

درمل

lääke

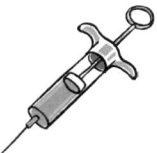

واكسين

rokotus

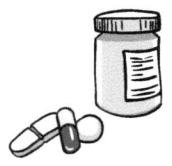

تابليتت

tabletit

ګولۍ

pilleri

عاجل تليفون

hätäpuhelu

د وينى د فشار څارونكى

verenpainemittari

ناروغ/روغ

sairas / terve

مرستهٔ!

Apua!

الارم

hälytys

یرغلی

ryöstö

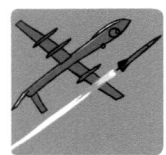

بريد

hyökkäys

خطر

vaara

هراِ لا لجاع

hätäuloskäynti

اورا!

Tulipalo!

د اور وژونکی

palosammutin

هﺵپیپ

onnettomuus

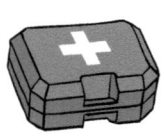

د لومری مرستی لوازم

ensiapulaukku

سیا.او.سیا

SOS

پولیس

poliisilaitos

اروپا
....
Erooppa

شمالي امريكا
....
Pohjois-Amerikka

سهيلي امريكا
....
Etelä-Amerikka

افريقا
....
Afrikka

آسيا
....
Aasia

أسټرېليا
....
Australia

اتلانتيک
....
Atlantin valtameri

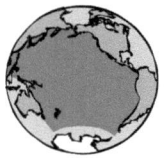

پاسيفيک
....
Tyynimeri

د هند بحر
....
Intian valtameri

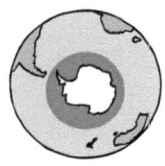

جنوبي منجمد بحر
....
Eteläinen jäämeri

د شمال قطب بحر
....
Pohjoinen jäämeri

شمالي قطب
....
pohjoisnapa

سهيلي قطب
....
etelänapa

انتـاركتـيكا
....
Antarktis

خِمکه
....
maa

خِمکه
....
maa

بحر
....
meri

تـاپو
....
saari

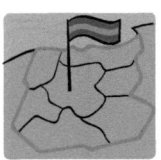

ملت
....
kansa

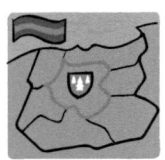

دولت
....
osavaltio

د مخي ساعت

kellotaulu

د ساعت ستنه

tuntiviisari

د دقیقی ستنه

minuuttiviisari

د ثانیی ستنه

sekuntiviisari

څه وخت دی؟

Paljonko kello on?

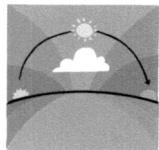

ورځ

päivä

وخت

aika

اوس

nyt

دیجیتل ساعت

digitaalikello

دقیقه

minuutti

ساعت

tunti

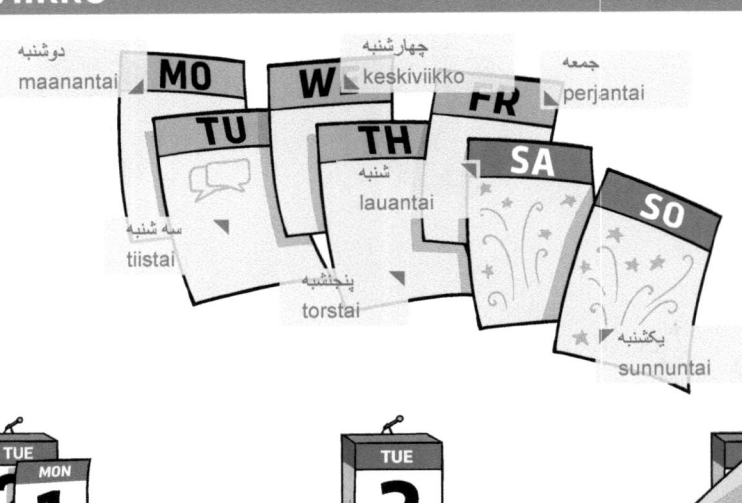

دوشنبه
maanantai

چهارشنبه
keskiviikko

جمعه
perjantai

سه شنبه
tiistai

شنبه
lauantai

پنجشنبه
torstai

يكشنبه
sunnuntai

پرون
eilen

نن
tänään

سبا
huomenna

سهار
aamu

غرمه
keskipäivä

ماښام
ilta

MO	TU	WE	TH	FR	SA	SU
1	2	3	4	5	6	7
8	9	10	11	12	13	14
15	16	17	18	19	20	21
22	23	24	25	26	27	28
29	30	31	1	2	3	4

كاري ورځي
työpäivät

MO	TU	WE	TH	FR	SA	SU
1	2	3	4	5	6	7
8	9	10	11	12	13	14
15	16	17	18	19	20	21
22	23	24	25	26	27	28
29	30	31	1	2	3	4

د اونۍ پای
viikonloppu

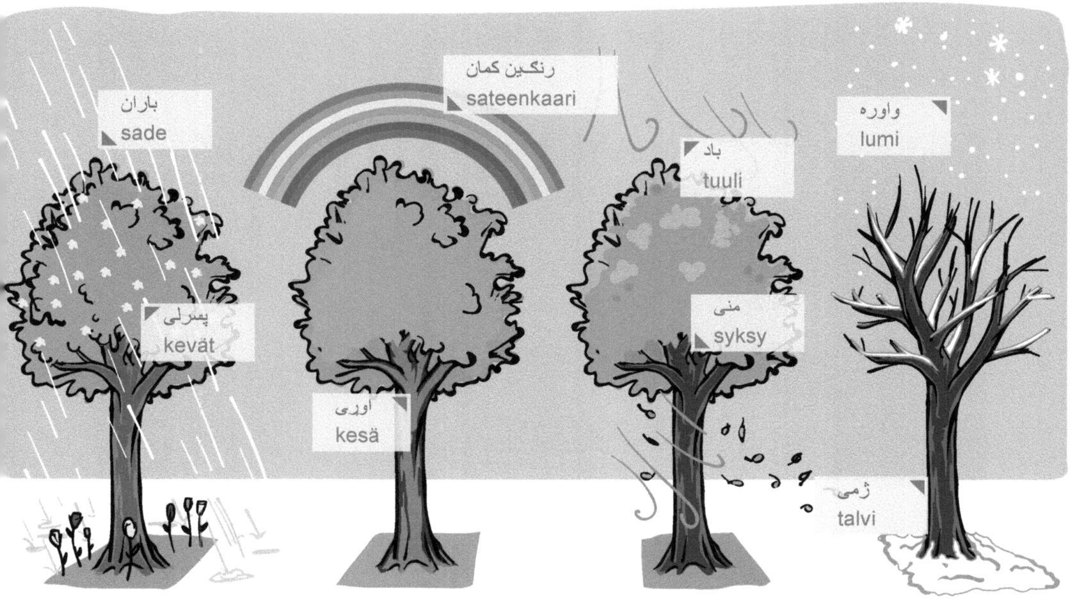

باران
sade
رنګين كمان
sateenkaari
واوره
lumi
باد
tuuli
پسرلی
kevät
منی
syksy
اوړی
kesä
ژمی
talvi

4.APRIL 11°
5.APRIL 4°
6.APRIL 13°
7.APRIL 8°
8.APRIL 10°

د موسم وړاندوينه

sääennuste

F C
120 90 60 30 0 -30
40 30 20 10 0 -10 -20

ترموميټر

lämpömittari

د لمر وړانګې

auringonpaiste

وريځ

pilvi

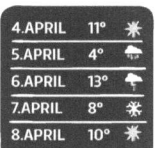

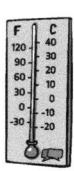

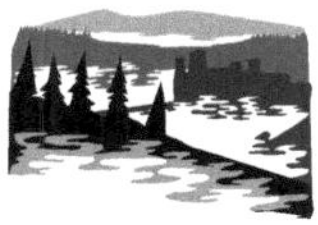

لړه

sumu

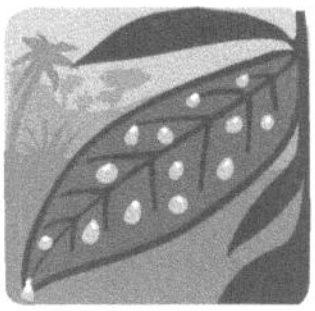

رطوبت

ilmankosteus

الماس
salama

تندر
ukkonen

طوفان
myrsky

لدیری ولی
rae

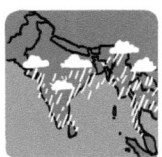

مون سون باران
monsuuni

سیلاب
tulva

یخ
jää

جنوري
tammikuu

فبروري
helmikuu

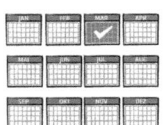

مارچ
maaliskuu

اپرہل
huhtikuu

می
toukokuu

جون
kesäkuu

جولای
heinäkuu

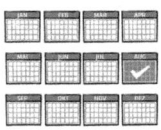

اگست
elokuu

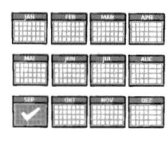

سپتمبر
....
syyskuu

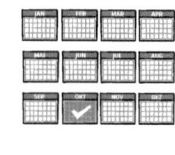

اكتوبر
....
lokakuu

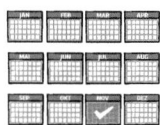

نومبر
....
marraskuu

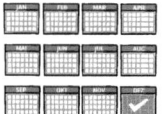

دسمبر
....
joulukuu

شكلونه

muodot

دايره
....
ympyrä

مربع
....
neliö

مستطيل
....
suorakulmio

مثلث
....
kolmio

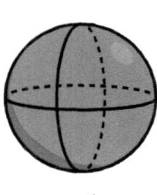

توپ
....
pallo

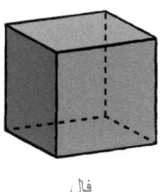

فال
....
kuutio

سپين

valkoinen

ژير

keltainen

نارنجي

oranssi

ﮔﻼﺑﻲ

vaaleanpunainen

سور

punainen

ارغواني

violetti

نيلي

sininen

شين

vihreä

نسواري

ruskea

خر

harmaa

تور

musta

خورا لزر/خورا دير/خورا لزر

paljon / vähän

قار/ارا/ماار

vihainen / ystävällinen

هلكشكدب/كليش

kaunis / ruma

پای/پیل

alku / loppu

لو/كوچنی/يويل

suuri / pieni

هاره/تبيانه/روش

vaalea / tumma

خور/رور و

veli / sisko

پاك/كك/لمك

puhdas / likainen

لمكمان/لمكم

täydellinen / epätäydellinen

خر/شپه و

päivä / yö

مرلازوندی/زوندی

kuollut / elävä

پراخه/نری

leveä / kapea

د خوراک ور/نه خوړل کیدونکی

....

syötävä / syömäkelvoton

بد/مهربان

....

paha / kiltti

پاریدلی/بی خونده

innostunut / tylsistynyt

چاق/وچ

lihava / laiha

لومړی/وروستی

....

ensimmäinen / viimeinen

ملګر/دښمن

ystävä / vihollinen

ډک/تش

....

täysi / tyhjä

سخت/نرم

....

kova / pehmeä

دروند/سپک

....

painava / kevyt

لوږه/تنده

....

nälkä / jano

ناروغ/روغ

sairas / terve

غیرقانوني/قانوني

laiton / laillinen

هوښیار/ساده

....

älykäs / tyhmä

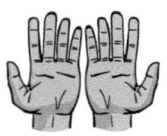

کیڼ/ښیی

....

vasen / oikea

نزدې/لرې

lähellä / kaukana

روز/نو

uusi / käytetty

هِشوخ/هيخ

ei mitään / jotain

نواخ/بدا

vanha / nuori

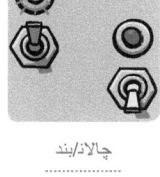

بند/چالا

päällä / pois päältä

لرت/صلاخ

auki / kiinni

غرب رور لول/غليغ

hiljainen / äänekäs

بدايه/غريب

rikas / köyhä

طلغ/حيحص

oikein / väärin

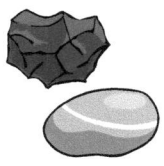

ملايم/ريز

karhea / sileä

خوبش/هفخ

surullinen / iloinen

درواـ/دنل

lyhyt / pitkä

سست/گرندی

hidas / nopea

چو/دنلو

märkä / kuiva

خيا/مرک

lämmin / viileä

ه لوس/هرگج

sota / rauha

numerot

0	**1**	**2**
صفر	يو	دوه
nolla	yksi	kaksi
3	**4**	**5**
دري	رولوﮊ	هﺨﻨﭘ
kolme	neljä	viisi
6	**7**	**8**
ﺸﭙﯿﻦ	اوه	اته
kuusi	seitsemän	kahdeksan
9	**10**	**11**
ﻨﻬﻬ	لس	سلويو
yhdeksän	kymmenen	yksitoista

12

سلوو

kaksitoista

13

سلاريد

kolmetoista

14

سلاروخ

neljätoista

15

سلخزپ

viisitoista

16

سراپش

kuusitoista

17

سلووو

seitsemäntoista

18

سلتا

kahdeksantoista

19

سلون

yhdeksäntoista

20

سلش

kaksikymmentä

100

سل

sata

1.000

رز

tuhat

1.000.000

نويليم

miljoona

انگلسي

englanti

امریکایی انگلسي

amerikanenglanti

چینایی مندرین

mandariinikiina

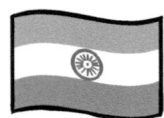

هندي

hindi

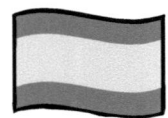

هسپانوي

espanja

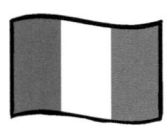

فرانسوي

ranska

عربي

arabia

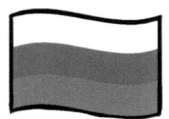

روسي

venäjä

پرتگالي

portugali

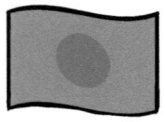

بنگالي

bengali

آلماني

saksa

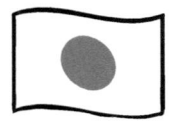

جاپاني

japani

زه
minä

ته‌
sinä

هغه/دغه/دا
hän

موږ
me

تاسي
te

دوی/هغوی
he

څوک؟
kuka?

څه؟
mitä / mikä?

څنګه؟
miten?

چیری؟
missä?

کله؟
milloin?

نوم
nimi

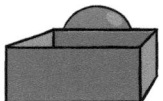

شاتئه
......
takana

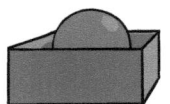

پە
......
sisällä

پە مخە كى
......
edessä

باندى
......
yläpuolella

پە
......
päällä

لاندى
......
alapuolella

برسيرە پر
......
vieressä

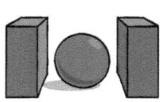

ترميذخُ
......
välissä

خاى
......
paikka